قوتابخانە - ليكول	2
سەفەر - فواياج	5
گواستنەوە - نقل	8
شار - مان	10
دیمەن - الريف	14
ڕێستۆرانت - مطعم	17
سوپەرمارکێت - سوبرات	20
خواردنەوە - مشروبات	22
خواردن - ماكلة	23
مەزرا - فيرما	27
ماڵ، خانوو - دار	31
ژووری دانیشتن - صالون	33
چێشتخانە - كوزينا	35
حەمام، ئاودەستخانە - الحمام	38
ژووری منداڵ - شمبرا تاع ذراري	42
جلوبەرگ - حوايج	44
نووسینگە، فەرمانگە - بيرو	49
ئابووری - اقتصاد	51
ئیشەکان - الخدمة	53
ئامراز و کەرەستە - ليزوتي	56
ئامێرەکانی مووزیک - آلات موسيقية	57
باخچەی ئاژەڵان - حديقة حيوانات	59
وەرزش - سبور	62
چالاکیەکان - نشطات	63
بنەماڵە - لعايلة	67
جەستە، لەش - الجسم	68
نەخۆشخانە، خەستەخانە - سبيطار	72
نورژانس، بەشی فریاکەوتن - ليرجونس	76
ئەرز، زەوی - أرض	77
کاتژمێر - ساعة	79
هەفتە - سيمانة	80
ساڵ - العام	81
شێوەکان - فورما	83
ڕەنگەکان - الالوان	84
دژبەرەکان - الضد	85
ژمارەکان - نيميرويات	88
زمانەکان - اللغات	90
کێ / چی / چۆن - شكون / علاش / كيفاش	91
شوێن - وين	92

Impressum
Verlag: BABADADA GmbH, Nedderfeld 112 , 22529 Hamburg
Geschäftsführer / Verlagsleitung: Harald Hof
Druck: Books on Demand GmbH, In de Tarpen 42, 22848 Norderstedt

Imprint
Publisher: BABADADA GmbH, Nedderfeld 112 , 22529 Hamburg, Germany
Managing Director / Publishing direction: Harald Hof
Print: Books on Demand GmbH, In de Tarpen 42, 22848 Norderstedt, Germany

1

ليكول

قوتابخانه

قلم الرصاص

پێنووس

المقلمة

جانتای پێنووس

كرطاب

چواڵ

قاموس بالتصاور

فەرهەنگی بەوێنە

ممحا

ڕەشکەرەوە

منجارة

تیژکەرەوەی پێنووس

البانسو

فڵچەی ڕەنگ

الرسم

نیگارکێشان

الكايي تاع الرسم

پەدی نیگارکێشان

كولا

چەسپ، کەتیرە

مقص

مەقەست

باتير

قوتووی ڕەنگ

النيميرو

ژمارە

الواجبات

کاری ماڵەوە

كايي تاع التمارين

کتێبی ڕاهێنان

يضرب

لێکدان

يطرح

کەمکردن

يجمع

زیدەکردن

الحروف

ئەلفوبێ

الحرف

پیت

يحسب

حسابکردن، ژماردن

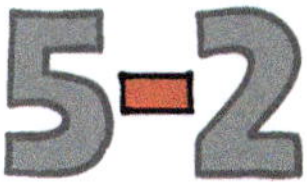

يقرا

خوێندنەوە

النص

نووسراوە، دەق

كلمة

وشە

دفتر المدرسي

تۆمارکردن

الدرس

خول، دەرس

طباشير

گەچ

اللبة تاع ليكول

جلی قوتابخانە

سرتفيكا

بڕوانامە

ليقزاما

ئەزموون، تاقیکردنەوە

الجامیعة

زانکۆ

ليكسيك

زانیاری نامە

التعليم

پەروەردە

بوبال

سەبەتەی کاغەز

الخريطة

خەریتە، نەخشە

المجهر

میکرۆسکۆپ

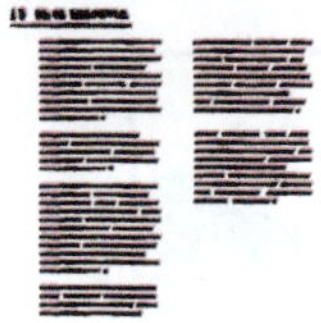

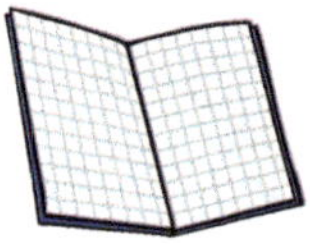

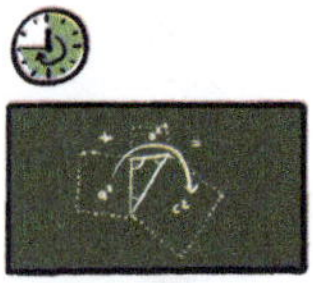

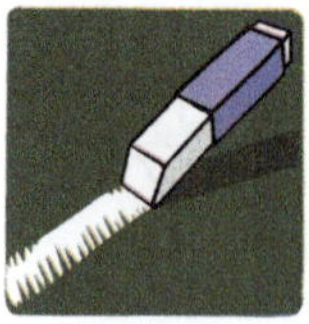

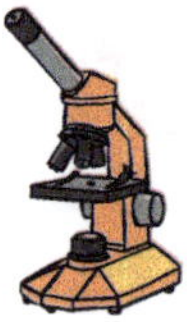

فواياج
سەفەر

اوتێل
میوانخانە، هۆتێل

بیت الشباب
میوانخانە

بیرة تاع الصرف
نووسینگەی گۆڕینەوەی دراو

فالیزة
جانتا، ساک

لولو
ئۆتۆمۆبیل

اللغة لیقصدها
زمان

واه / لا
بەڵێ / نەخێر

صحا
باشە

مرحبا
سڵاو

طرجمان
وەرگێڕی دەق

صحیت
سپاس

مشكيلة

کێشە

مفهمتش

من تێناگەم

شعال السومة؟

بەچەندە ...؟

تصبح بخير

شەو باش!

صباح لخير

بەیانی باش!

مسلخير

ئێوارە باش!

الباقاج

جانتا

ديركسيو

ئاراستە، ڕێڕەو

بسلامة

ماڵئاوا، بەخێرچی

ضيف

میوان

ساكادو

کۆڵەپشتی

ساك

جانتا

خيمة

چادر، دەوار

ساك تاع رقاد

کیسەخەو

شمبرا

ژوور، دیو

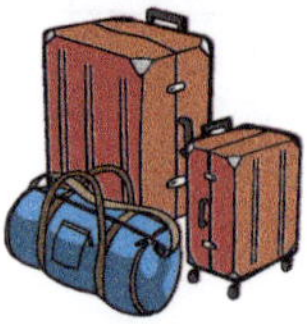

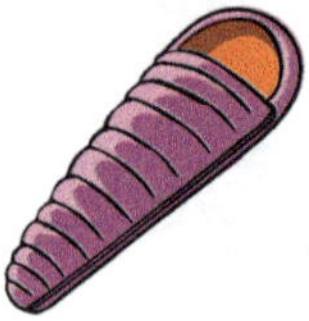

كارطة ناع الكريدي

کارتی قەرز

بجر

کەناراو

استعلامات سياحية

زانیاری بۆ گەشتیار

العشا

نانی شەو

الفطور

نانی نیوەڕۆ

فطور الصباح

نانی بەیانی

تامبر

پوول، تەمر

اسونسير

ئاسانسۆر

البيي

بلیت

سفارة

باڵوێزخانە

الديوانة

گومرک

الحدود

سنوور

باسبور

پاسپۆرت

فيزا

ڤیزا

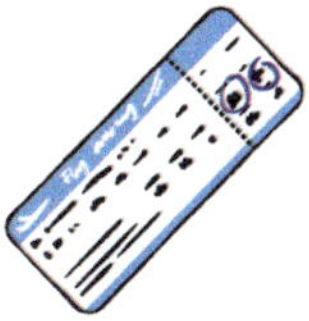

نقل

گواستنەوە

موطو

ماتۆڕ

بوطي

بەلەمی ماتۆڕی

بابو

کەشتی گواستنەوە

لوطو تاع كرية

ئۆتۆمۆبیلی کرێ

لوطو تاع السيباق

ئۆتۆمبێلی پێشبڕکێ

لوطو تاع لابوليس

ئۆتۆمبێلی پۆلیس

كاميو تاع الزبل

لۆری زبڵ

رومورك

لۆری ڕاکێشکردن

لواطا تاع كرية

ئۆتۆمۆبیل هاوبەشکردن

ستاسيون

وێستگەی بەنزین

ليسونس

سووتەمەنی

موتور

ماتۆڕ

سركالة

ترافیک

ترافيك

هاتووچۆ

بانو

تابلۆی هاتووچۆ

السبيكة

هێڵی ئاسن

لاقار

وێستگەی شەمەندەفەر

باركينغ

شوێنی ڕاگرتنی ئۆتۆمۆبیل

فاغون

داشقە

ترام

قەتاری سەرشەقام

قطار

شەمەندەفەر

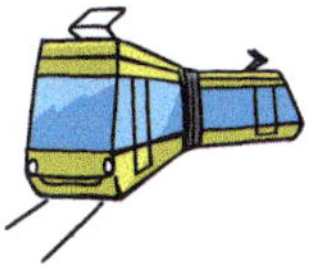

تور

بورج

مطار

فڕۆکەخانە

اليكبتار

هەلیکۆپتەر

كرطونة

کارتون

كونتنار

دەفر، کانتینەر

مسافر

نەفەر

يقلع / يهود

هەڵفڕین / نیشتن

سلة

سەوەتە

شاريو

داشقە

مان

شار

دار

ماڵ، خانوو

البلاد

ناوەندی شار

قرية

گوند، دێهات

كوخ
خانووچكه

برطمان
نهۆم، باڵەخانە

لاقار
وێستگەی شەمەندەفەر

لاميري
كۆشكی شارەوانی

متحف
مۆزەخانە

ليكول
قوتابخانە

سبيطار

نەخۆشخانە، خەستەخانە

بانكة

بانک

الجاميعة

زانكۆ

بيرو

نووسینگە، فەرمانگە

فارماسي

دەرمانخانە

اوتال

میوانخانە، هۆتێل

فلوريست

گوڵفرۆشی

حانوت

دووکان

مكتبة

کتێبفرۆشی

حانوت كبير

فرۆشگا

مرشي

بازار

سوبرات

سوپەرمارکێت

المينا

بەندەر

سونتر كومرسيال

ناوەندی کڕین

مسمكة

ماسیفرۆش

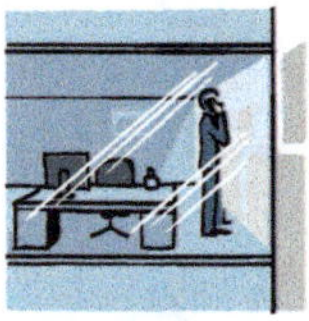

جسر

پرد

بنك

کورسی درێژ

بارك

پارک

تونال

تونێل

ميترو

ژێرزەوی

درج

پێ پیلکان

مطعم

ڕێستورانت

بار

مەیخانە

لاري تاع البيس

وێستگەی پاس

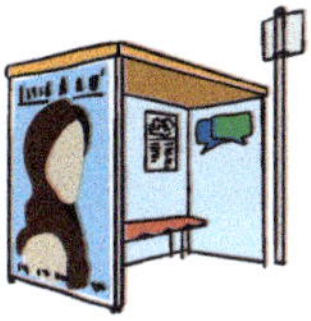

مقياس زمن الوقوف

پێوەری پارکینگ

البانوات

تابلۆی شەقام

صندوق البريد

سندووقی پۆست

جامع

مزگەوت

بيسين

حەوزی مەلە

حديقة حيوانات

باخچەی ئاژەڵان

مقبرة

قەبرستان، گۆڕستان

التلوث

پیسبوونی ژینگە

فيرما

مەزرا

معبد

پەرستگا

بارك

شوێنی یاری

قليزية

کەنیسە

الريف

دیمەن

ورقة
گەڵا
بانو
تابلۆی ڕێنیشاندەر
طريق
ڕێگا
مرج
مێرگ
حجرة
بەرد
شجرة
دار
رحالة
شاخەوان
نهر
ڕووبار، چەم
حشيش
گژوگیا
زهرة
گوڵ

دیمەن - الريف

بحيرة

دەریاچە

جبل

بەرزایی

واد

دۆڵ، شیو

بركان

بورکان

صحرا

چۆڵەوار

غابة

دارستان

فِطر

کارگ

قوس قزح

کۆلکەزێرینە

شاطو

قەڵا

ذبانة

مێشوولە

ناموسة

مێشوولە

نخلة

دارخورما

رتيلة

جاڵجاڵووکە

نحلة

مێش هەنگوین

نملة

مێروولە

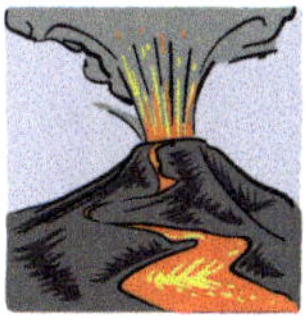

سنجاب

سمۆره

جرانة

بۆق

خنفوس

قالۆنچە

بومة

کوند

قنينة

کەروێشکە کێوی

قنفود

ژیشک

حلوف

بەرازی کێوی

بجعة

قازی سپی

زاوش

باڵەندە

سد

بەنداو

إلكة

بزنە کێوی

عزالة

ئاسک

كليما

ئاووهەوا

خلية شمسية

پەرەی خۆری

الطاحونة

تۆربینی با

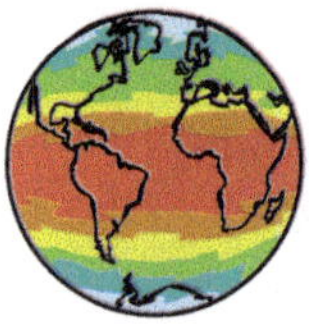

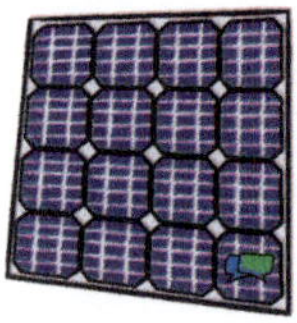

مطعم

ڕێستۆرانت

اوردوفر

خواردنی دەستپێک

الطبق الرئيسي

خواردنی سەرەکی

ديسار

دێسێر

مشروبات

خواردنەوە

ماكلة

خواردن

القرعة

بوتڵ

براد اتاي

قۆری

ماكلة نديه معايا

خواردنی سەرشەقام

فاست فود

خواردنی خێرا

ماشينة تاع اكسبريسو

نامێری سازکردنی قاوەی ئێسپرێسۆ

طرف

بەش

سكرية

قوتووی شەکر

سني

کەشەف

فاتورة

تێچوو

كرسي عالي

کورسی بەرز

مغيرفة

کەوچک

فرشيطة

چنگاڵ

خدمي

چەقۆ

كاس

لیوان، پەرداخ

سربيتة تاع الطابلة

دەسماڵ

مغيرفة تاع لاتاي

کەوچکی چا

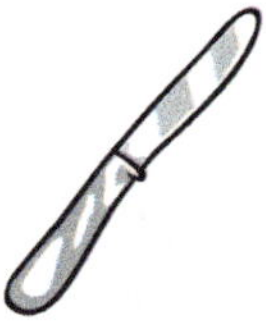

طبسي تاع الفنجال

ژێرپیاڵە

بول

قاپی شۆرباو

طبسي

قاپ، دەوری، دەفر

طحان تاع الحرور

هاڕەری بیبار

القوطي تاع الملح

خوێدان

لاصوص

سۆس

ليزيبيس

بەهارات

زيت

ڕۆن

خل

سرکە

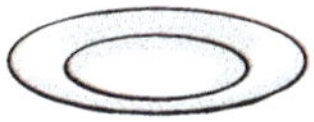

مايونيز

سۆسی مایۆنێز

موطارد

سۆسی موستارد

كتشوب

دۆشاوی تەمات، سۆسی تەماتە

سوبرات

سوپەرمارکێت

بوشي

دووکانی قەسابی

بولونجي

نانەواخانە

يوزن

کێشان

خضار

سەوزی

لحم

گۆشت

سيرجولي

خواردنی بەستوو

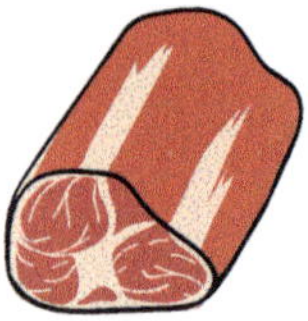

الاومو تاع لغسيل

دەرمانی بشۆر

كونسارف

خواردنی کۆنسێرو

كاشير

گۆشتی سارد

ديتارجو

بەرهەمی خاوێنکردنەوە

صوالح الدار

بەرهەمی خۆماڵی

الحلويات

شیرینی

كاسسي

ژمێریار، خەزەندار

لاكاس

ژمێرەر

فوندوز / خدامة فالحانوت

فرۆشیار

تزداتم

کیسەباخەڵ، جزدان

سوايع الخدمة

کاتی دەوام

ليستا تاع الشري

لیستی کڕین

بورسة

توورەکە

ساك

توورەکە، کیسە

كارطة ناع الكريدي

کارتی قەرز

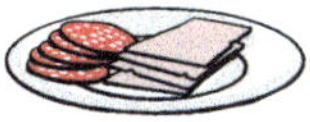

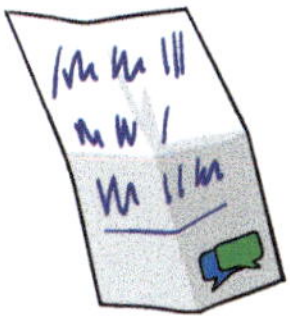

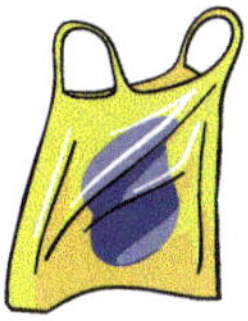

مشروبات

خواردنەوە

حليب

شیر

جو

شەربەت

الما

ئاو

البيرة

بیرە

الشراب

شەراب

كوكا

خەڵووز

لاتاي

چایی، چا

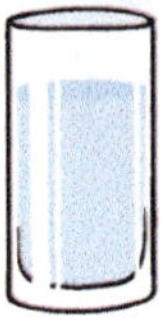

كاكاو

كاكاو

شراب

ئەڵكوڵ

كابوتشينو

كاپۆچینۆ

اكسبريسو

قاوەی ئێسپرەسۆ

قهوة

قاوە

ماكلة

خواردن

تشينا

پرتەقاڵ

تفاح

سێو

بانانة

مۆز

كروطة / زرودية

گێزەر

ليم

لیمۆ

بطيخ

کاڵەک

بصل

پیاز

بانبو

حەیزەران

ثوم

سیر

لیبات

نوودڵ

بندق

سەموونە، گوێز، ناوکە

شانبينيو

کارگ

سلاطة

زەلاتە

روز

برینج

سباقيتي

ماکارۆنی

بيتزا

پیتزا

ليفريت

پەتاتەی برژاو، پەتاتەی سوورۆکراو

ليفريت

چیپس

اسكالوب

پارچە گۆشت

سندويش

ساندویچ، دۆندرمە

هانبورقر

هەمبرگێر

مرقاز

سۆسیس

سامي

گۆشتی بەراز

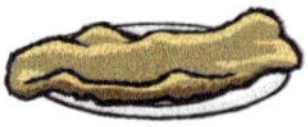

لحم الحلوف

گۆشتی بەراز

حوت

ماسی

لحم مشوي

برژاندن، نرژان

جاجة

مریشک

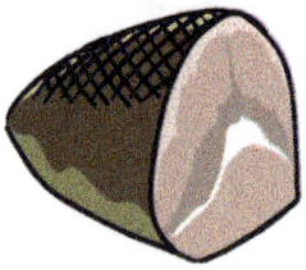

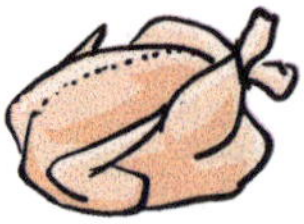

شوفان

شۆرباوی ساوار

موسلي

دانەوێڵەی تێکەڵ

كورن فلكس

دانەی دانەوێڵە

فرينة

ئارد

كرواسون

کرۆسانت، نانێکی فەرەنسی

خبيزة

نانی خڕ

الخبز / كسرة

نان

خبز محمر

نانی برژاو

بيسكوي

بسکیت

زبدة

کەرە، ڕۆنی کەرە

لبن

سەرتوێژ، توێژ

قاطو

کێک

بيض

هێلکە

بيض مقلي

هێلکەی برژاو

فرماج

پەنیر

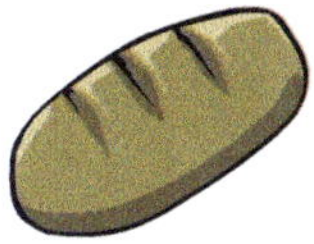

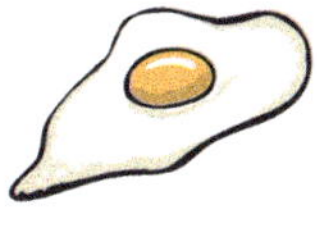

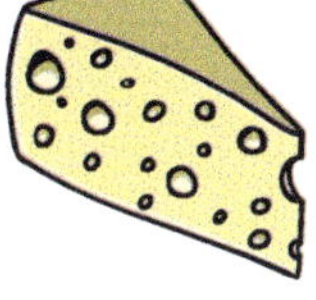

عسل

هەنگوین

سكر

شەکر

لاكرام

بەستەنی، دۆندرمە

الكاري

بەهارات

نوقا

خامەی نۆگات

كونفتير

مرەبا

فيرما

مەزرا

عجل

گوێلک

بقرة

مانگا

معزة

بزن

طورو

جوانەگا

حلوف صغير

فەرخە بەراز

حلوف

بەراز

فلوس

جووچک

بطة

مراوی

وزة

قاز

طوبا

جرج

سردوك

کەڵەشێر

جاجة

مریشک

ثور

گا

فأر

مشک

قطة

پشیله

تييو

سۆندە

دار الكلب

کونە سە

كلب

سە، سەگ

محراث

گاسن

منجل

ماڵەغان

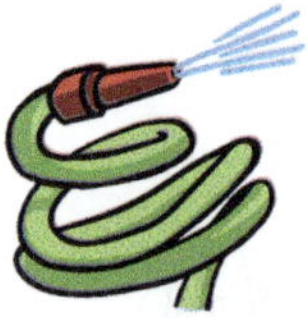

إبريق

تونگمی ناودان

مذراة الزبل

شەنە

الفاس

مەڕە

منجل

داس

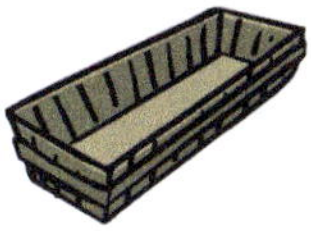

معلف

دەفری خواردنی ئاژەڵان

بروىطة

عارەبانەی دەستیی

شاقور

تەور

سياج

پەرژین

ساشيا

تەلیس

قابة تاع حليب

دەفری شیر

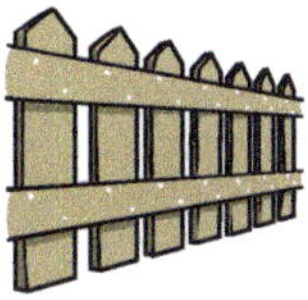

تراب

خۆڵ

بوطاجي

گوڵخانە

صطبل

تەویلە

حصادة

کۆمباین

سماد

پەین

بذور

دەنک، نۆک

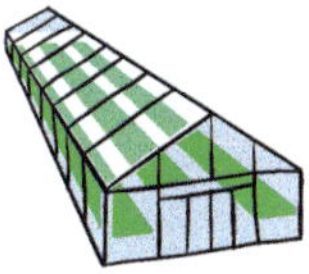

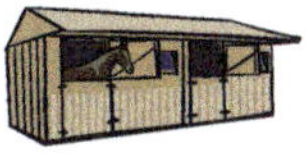

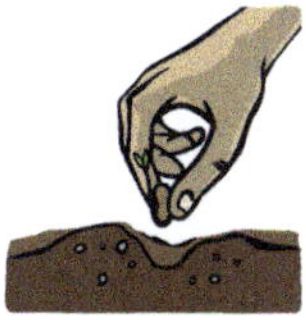

بطاط
....
پەتاتە

الغلة
....
خەرمان

يحصد
....
درووێنەکردن

بطاطا
....
پەتاتە

صويا
....
لووبيا، فاسۆليا

قمح
....
گەنم

شجرة تاع فاكية
....
داری بەری

سلجم
....
جۆرێک دەخڵودان

مايس
....
گەنمەشامی

الخبوب
....
دانەوێلەی تێکەڵ

منيهوت
....
سێوبنەعەرزيلە

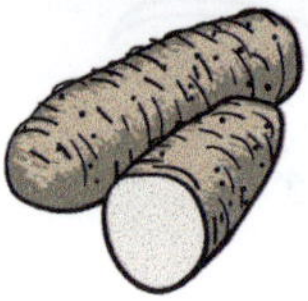

دار
مالَ، خانوو

كوزينا

چێشتخانە

الحمام

حمام، ئاودەستخانە

صالون

ژووری دانیشتن

صالة مونجي

ژووری نانخوارن

شمبرا تاع ذراري

ژووری مندالَ

شامبرا تاع رقاد

ژووی خەو

بلافو

بن میچ

حيط

دیوار

لرض

داڵان، نەرز

بالكون

باڵکۆن، هەیوان

سونا

ساونا

كافا

ژێرزەمین

جزارة تاع حشيش

گژوگیابڕ

بيسين

حەوز، مەلەوانگە

تيراسة

هەیوان

ناموسية

پێخەف، نوێن

كووات

مەلافەی نوێن

ااووس

مەلافە

انتغبتور

سویچ، کلیل

بيدو تاع صليح

سەتڵ

مصلحة

گسک

32 مآڵ، خانوو - دار

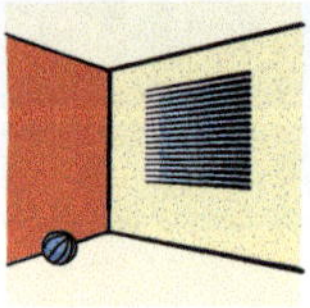

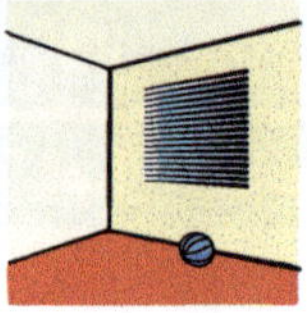

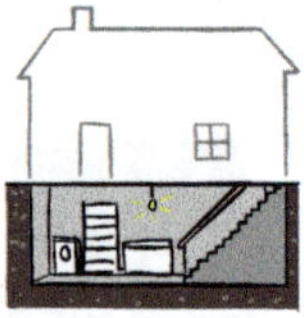

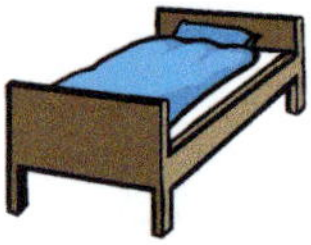

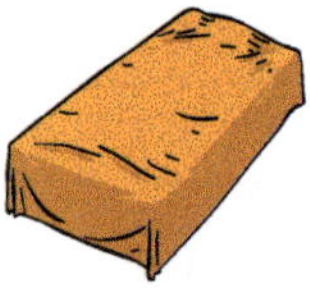

صالون
ژووری دانیشتن

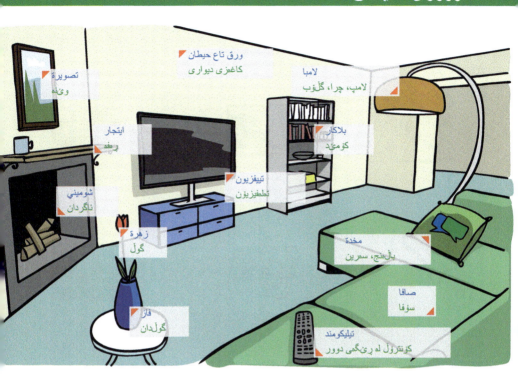

طابي
....
فەرش

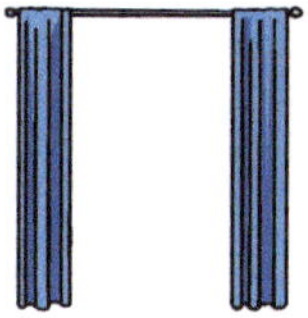

ریدو
....
پەردە

طابلة
....
مێز

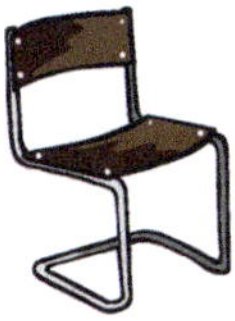

كرسي
....
كورسی

كرسي يبوجي
....
كورسی راژاندن

فوتاي
....
كورسی دەسکدار

زواق	طوفيرطة	كتاب
رازاندنەوە	پەتوو، بەتانی	کتێب
الستيريو	فيلم	الحطب
ستێریۆ	فیلم	داری سووتاندن
كادر	جرنان	مفتاح
نیگار، نیگارکێشان	ڕۆژنامە	کلیل
كناش	راديو	بوستار
تیانووس	ڕادیۆ	پۆستەر

شمعة	صبار	اسبيراتور
مۆم	کاکتووس	گسکی کارەبایی

کوزینا
چێشتخانە

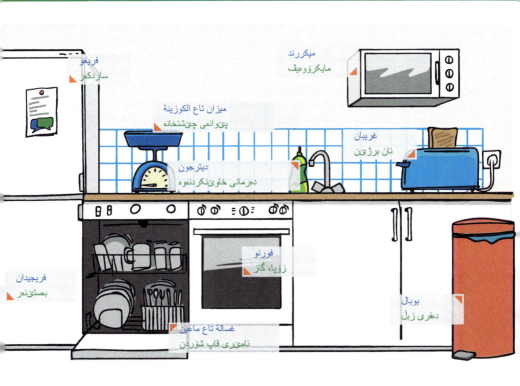

میکروند
مایکرۆوەیڤ

فریزر
ساردکەر

میزان تاع الکوزینە
پێوانەی چێشتخانە

غریبان
نان برژتن

دیترجون
دەرمانی خاوێنکردنەوە

فورنو
زۆیا، گاز

فریجیدان
بەستێنەر

بوبال
دەفری زبل

غسالە تاع ماعین
ئامێری قاپ شۆردن

الفور
چێشتلێنەر

قدرة
مەنجەڵ

مرمیطا
قاپی نوتوو

طاوة غامقة
تاوەی قووڵ

مقلة
تاوە

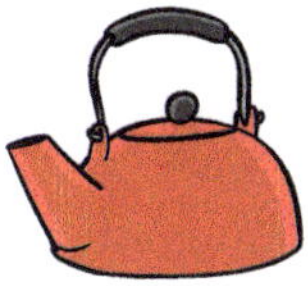

غلایة
کتری، ئاوگەرمکەر

ماعين

قاپ و قاچاغ

سني

کمشەفی نانکردن

قدرة

چێشتلێنەری هەڵمی

مطارق تاع الماكلة

چیلکەی نانخواردن

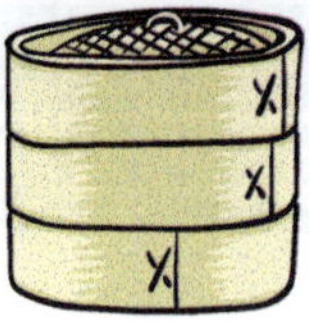

طبسي

قاپ

قوبلي

کۆپ

الضرابة

گسک

سباتولة

کەوگیر

لوشة

ئەسکوێ

راب

ئامێری جنینی پەنیر و سەوزە

صفاية

بێژنگ

كسكاس

سووزمە

موقد

ئاگر

شواية

برژاندن

مهراز

دەستار

36 چێشتخانە - كوزينا

الحلال

بورغی فلین

رولو

تیرۆک

بلونشا

تەختەی وردکردن

كتان

دەسرەی مەنجەڵ

الحلال

قوتووکەرەوە

قابسة

قوتوو

بونجة

ئیسفەنج

بروسة

فڵچە

لافابو

دەسشۆر

بيبرونة

شووشە شیر

فريغو

قەرەسی

الخلاط

تێکەڵکەر

سبالة

شێری ناو

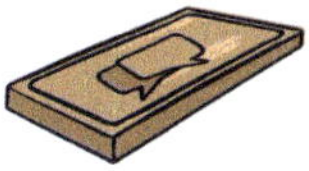

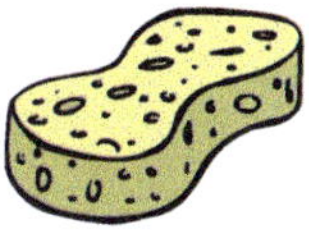

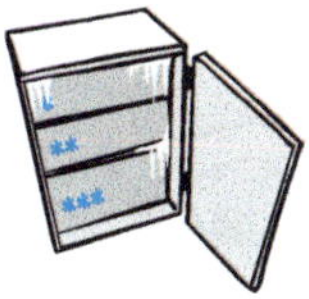

الحمام

حەمام، ئاودەستخانە

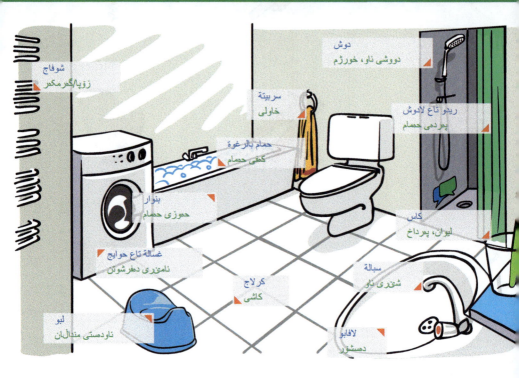

غسال الرجلين

جۆرێک تواڵێت

توالات تركي

تواڵێتی نزم، ئاودەست

توالات

ئاودەست، تواڵێت

بروسة تاع توالات

فڵچەی ئاودەستخانە

ورق تاع توالات

کاغەزی ئاودەستخانە

مبولة

تواڵێت، ئاودەست

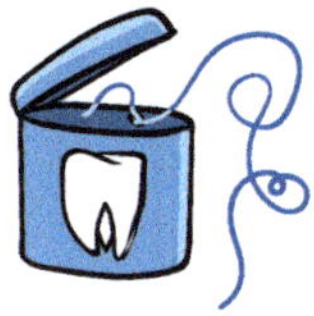

خيط السنان

بەنی ددان

دونتفريس

خەمیری ددان

بروسدون

فڵچەی ددان

دوشات

دووش

دوشات تاع دوش

خورژمی دەستی

يغسل

شۆردن، شوتن

صابون

سابوون

بروسا تاع الظهر

فڵچەی پشت

لافابو

کاسەی دەستوچاوشوتن

الحبل

فلانێل

شنبوان

شامپۆ

جال دوش

جێڵی خۆشوتن

ديودورون

بۆنخۆشکەرە

بومادة

کرێم

قادوس

ئاوەڕۆ

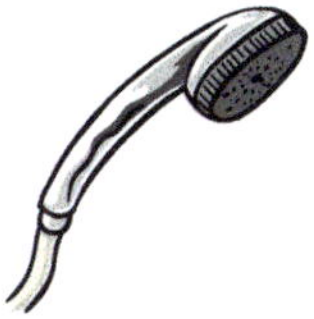

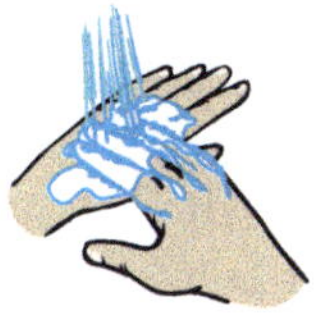

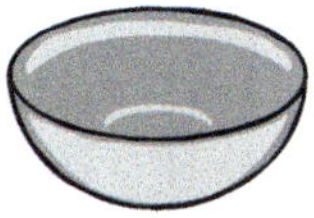

رازوار

مەکینەی ڕیش تاشین

مراة صغيرة

ئاوێنەی دەستی

مراية

ئاوێنە

مشطة

شانە

كولون

کرێمی دوای ڕیش تاشین

لاموس

سابوونی ڕیش تاشین

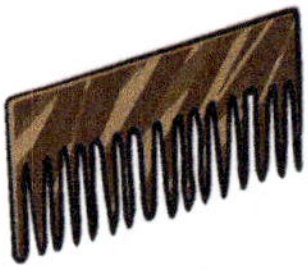

مثبت الشعر

سپرەی قژ

سشوار

سێشوار، سەرئیشککەرەوە

بروسة

فڵچە

فرني

ڕەنگی نینۆک

روجالافر

سووراو

مكياج

سووراوسپیاو

ريحة

عەتر

كوبنغل

مەقەستی نینۆک

قطن

لۆکە

میزان

پێوەر

طابوري

کورسی بێ پشت

تروسة تاع حمام

کیسەی حەمام

تمبون

تامپۆن

ليغونات تاع النيتواياج

دەستەوانەی چەرم

بينوار

خاولی حەمام

توالات

ئاودەستی کیمیایی

ليبوند

خاولی خاوێنکردنەوە

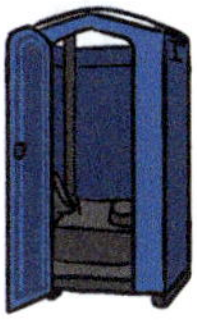

شمبرا تاع ذراري

ژووری منداڵ

بوسات
داشقەی منداڵ

ناموسية
پێخەف، نوێن

بالونة / نسافة
باڵۆن

بوند ديسيني
کۆمێدی

البوزيل
مەتەڵ، مەتەڵۆک

الكارطة
گەمەی کارت

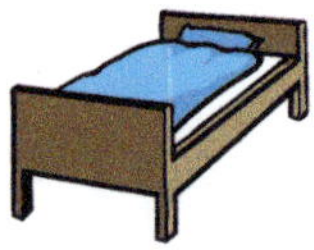

بوبية

بووکه شووشه

حجر يبنوه

خشتی یاری

الليغو

خشتی لێگۆ

اللهاية

بزۆک، جووڵینراو

فريزي

یاری فریزبی

لبسة تاع البيبي

جلی منداڵ

التران

مۆدێلی شەمەندەفەر

الدي

مۆرە

لعبة الطابلة

یاری تەختە

كتاب بتصاوير

کتێبی وێنەدار

حفلة / الفيشطة

میوانی، جەژن

سوسات

مەمکە مژە

يلعب

کایە کردن، یاری کردن

بوبية

بووکەشووشە

بالون

تۆپ

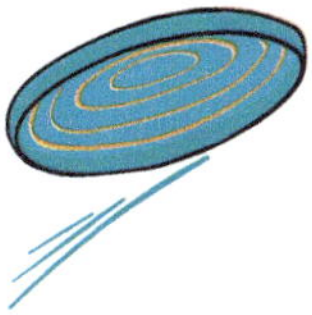

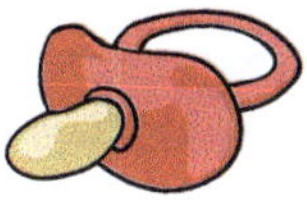

جوي

كایمی منداڵان، یاری منداڵان

بنصوار

جۆلانە

بارك بالرملة

قورتی خیزوخۆڵ

دبدوب

ورچی یاری

بيسكلات

سێچەرخە

منيطا

گەمەی ویدیۆیی

ماريو

کەنتۆر

حوايج

جلوبەرگ

كولو

گۆرەوی درێژ

ليبا

گۆرەوی درێژ

تقاشر

گۆرەوی

صندالة

پاپوچ

صباط

کەوش، پێڵاو

بوط بلاستيك

چەکمەی چەرم

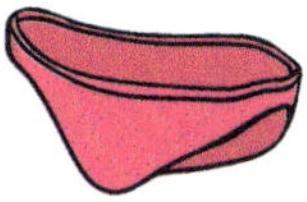

كالسون

پانتۆڵی ژێرەوە

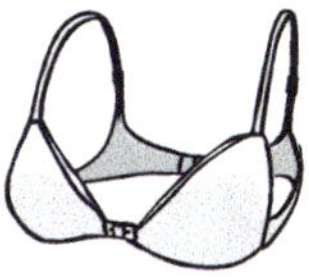

سوتيان

ستیان، سوخمە

حويج تاع داخل

جلیسقە

جين

پانتۆڵ

سروال

پانتۆڵ

لاسق على الجسم

جەستە، لەش

قمجة

کراس

طابلية

کراس

جيبا

دامەن، تەنوورە

بلازار

چاکەت

قارديقون

بلووز

تريكو

بلووز

بالطو

بارانی

بالطو

باڵتە

فيستا

چاکەت

روب بلونش

جلی زەماوەند

روبا

کراسی ژنانە

كوستيم

پۆشاک

بيجاما

جلی خەو

شوميز دونوي

جلی خەو

كوستيم

چاکەت و پانتۆڵ

عمامة

جەمەدانە، سەرپێچ

حجاب

لەچکە

ساري

ساری

عباية

عەبا

قفطان

کەفتان

برقع

بۆرکا

شورت

پانتۆڵی کورت

سروال تاع عوم

پانتۆڵی مەلە

مايو

جل و بەرگی مەلەکردن

ليقونات

دەستەوانە

طابلية

بەروانکە، بەرکۆشە

لبسة تاع سبور

جلوبەرگی ڕاهێنان

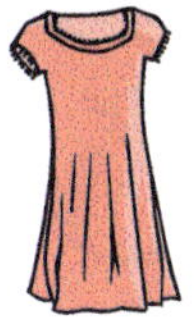

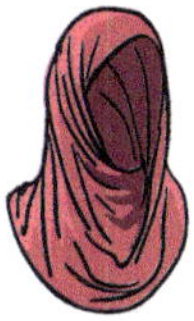

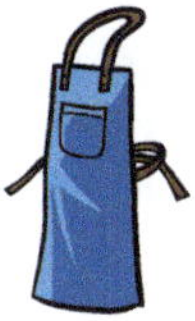

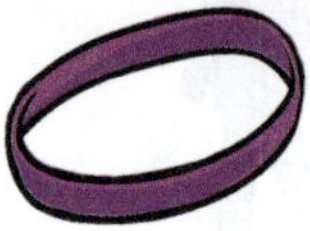

براسلي

بازنه

نواظر

چاویلکه

قفلة

دوگمه

منقوش

گواره

خاتم

ئەنگوستیله

سنسلة

ملوانکه

شابو

کڵاو

سانتر

داری جل هەڵواسین

بوني

کڵاو

كاسك

کڵاوی پارێزەر

غيمة

زیپ

قرافاطة

بۆینباخ

لينيفورم

یەکپۆش

اللبة تاع ليكول

جلی قوتابخانه

بروتال

هەڵگر

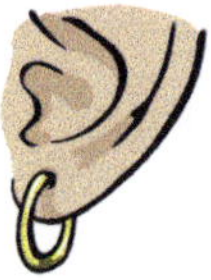

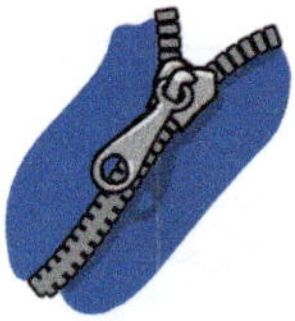

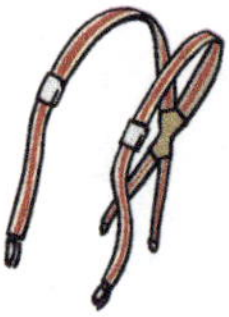

ليكوش

دایبی، پەڕۆشۆر

سوسات

مەمکە مژە

رياقة

بەرلیکە، بەرکۆشی منداڵ

بيرو

نووسینگە، فەرمانگە

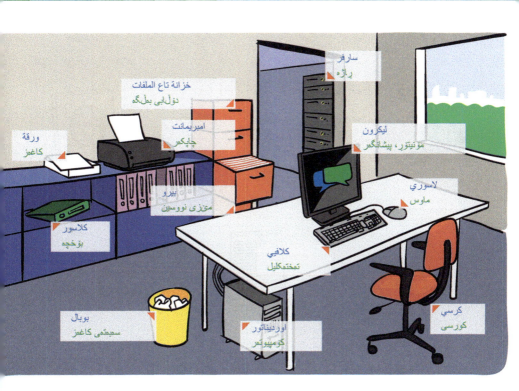

ڕاژە
خزانة تاع الملفات
دۆڵابی بەڵگە
امبريمانت
چاپکەر
ورقة
کاغەز
ليكرون
مۆنیتۆر، پیشانگەر
لاسوري
ماوس
بيرو
مێزی نووسین
كلاسور
بۆخچە
تەختەکلیل
كرسي
کورسی
بوبال
سەبەتەی کاغەز
اورديناتور
کۆمپیوتەر

لانترنت

ئینتەرنێت

كاكولاتريس

ژمێرەر

كاس قهوة

کۆپی قاوە

نووسینگە، فەرمانگە - بيرو
49

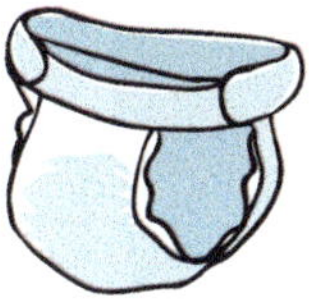

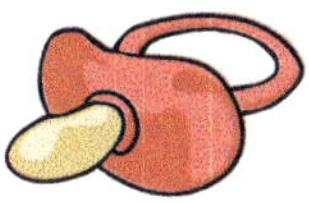

میساج

پەیام

برية

نامە

اوردیناتور

لەپتۆپ

فوطوكوبي

نامێری لەبەرگرتنەوە، کۆپیکەر

ريزو

تۆڕ

بورطابل

موبایل، تەلەفۆنی دەست

بريزة

ساکێتی دووشاخە

تيلفون

تەلەفۆن

لوجسيال

نەرمەکالا

وثيقة

بەڵگە

استمارة

فۆرم

فاكس

نامێری فەکس

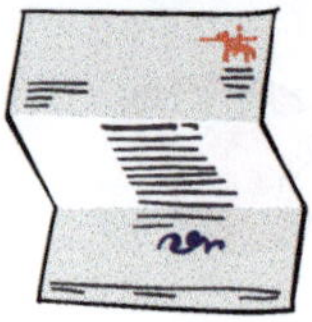

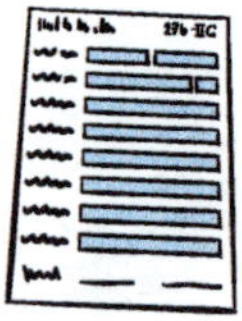

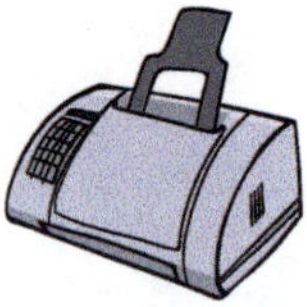

اقتصاد

ئابووری

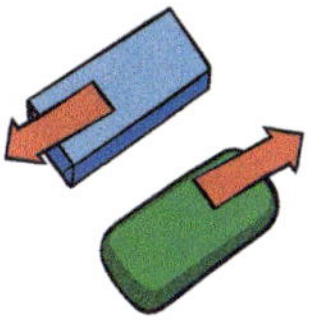

يتاجر

بازرگانی، ئاڵوگۆڕکردن

يخلص

پارەدان

يشري

کڕین

اورو

یۆرۆ

دولار

دۆلار

دراهم

پارە، دراو

فرنك سويسري

فرانکی سویسی

روبل

ڕوبڵی ڕووسی

ين

یەن

ديستريبيتور

مەکینەی پارە

روبية

ڕووپییە

يوان

یوان، یەکەی دراوی چینی

فضة	ذهب	بيرةَ تاع الصرف
زێو	زێڕ	نووسینگەی گۆڕینەوەی دراو
السومة	طاقة	نفط
بەها، نرخ	وزە	نەوت
سهم	طاكس	عقد
سەهام	باج	ڕێککەوتننامە
مول الشي	خدام	یخدم
خاوەنکار	کارمەند، کارکەر	کارکردن
	حانوت	وزین
	دووکان	کارخانە

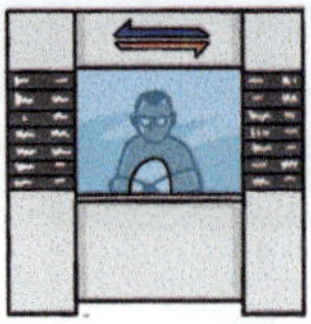

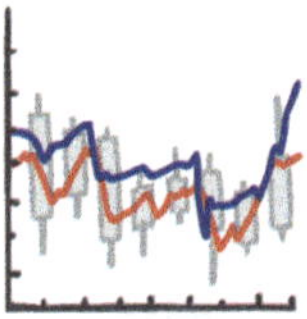

52   ئابووری - اقتصاد

الخدمة

ئیشەکان

بوليسي
فەرمانبەری پولیس
بومبي
ئاگرکووژێنەر
چێشتلێنەر
الطبيب
دکتۆر
بيلوط
فرۆکەوان

خياط

خەییات

نجار

دارتاش، مەرەنگۆز

جرديني

باخەوان

ممثل

شانۆگەر، شانۆکار

شيميك

کیمیازان

قاضي

دادوەر

صياد	طاكسيور	شوفير
ماسیگر	شۆفێر تاکسی	شۆفێری پاس
سارفور	ماصو تاع الصقف	خدامة
خزمەتکار	وەستای سەربان	کڵفەت
خباز	بنتار	صياد
نانکەر	بۆیاخچی	ڕاوچی
مهندس	ماصون	الكتريسيان
ئەنازیار	بەننا	کارەباچی
فاكتور	بلومبي	بوشي
پۆستەچی	وەستای بۆری	قەساب

كاسسي

ژمێریار، خەزنەدار

ارشيتكت

نەخشەکێش

جندي

سەرباز

الكنترول

گەیێنەر

كوافير

ئارایشگەر

بياع اورد

گوڵفرۆش

طبيب سنان

ددانساز، دوکتۆری ددان

كابيتان

کەشتیوان

ميكانيسيان

میکانیک

امام

ئیمام

حاخام

مەلای جوولەکان

عالم

زانا

موان

قەشە

موان

کەسی ئایینی

ليزوتي

ئامراز و کەرەستە

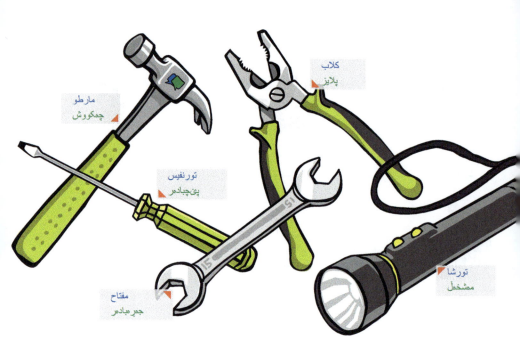

جرافة

شۆفڵ

قايصة نتاع ليزوتي

سندووقی ئامراز

سلوم

پەیژە

منشار

مشار

مسامير

بزمارەکان

برسوز

کونکەرە

ياويلي

نەفرەت!

البالة

پێمەڕە

يصنع

چاککردنەوە

ليفيس

پێچەکان، جمڕەکان

بو تاع بنتورة

قتووی بۆیاخ

بالا

خاکەناز

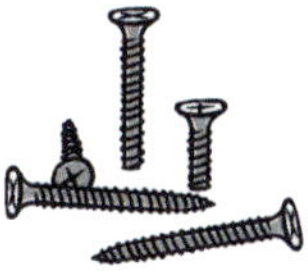

آلات موسيقية

ئامێرەکانی مووزیک

مكبر الصوت
قسەکەر، بڵندگۆ
آلات الإيقاع
تاقمی تەپڵ
غيتارة
گیتار
بوق
كمان أجهر
جۆری گیتار

جهير

گیتار

كمنجة

کەمانچە

بيانو

پیانۆ

بيانو كهربائي

تەختەکلیل

طبل

تەپڵ

طبل كبير

دەهۆڵ

ميكروفون

مایکرۆفۆن

ناي

فلووت، شمشاڵ

ساكسوفون

ساکسافۆن

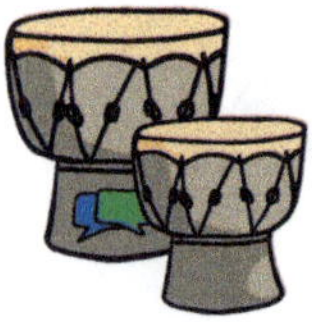

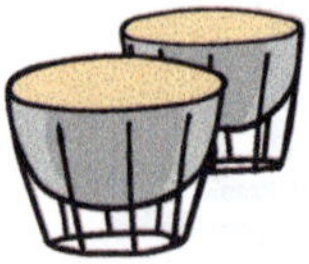

حديقة حيوانات

باخچەی ئاژەڵان

حيوانات

ئاژەڵەکان

فيل

فیل

كنغر

کانگۆرۆ

وحيد القرن

کەرکەدەن

غوريلا

گۆریلا

دب

ورچ

سبع

شێر

نعامة

وشترمریشک

جمل

وشتر

بيروكي

تووتی

فلامونغوز

فڵامینگو

تشيطا

مەیموون

سمك القرش

قرش، سەگەماسی

بطريق

پێنگوین

دب قطبي

ورچی جەمسەری

تمساح

تیمساح

لفعة

مار

طاووس

تاووس

نمر أمريكي مرقط

پڵینگ

عجل البحر

سەگی دەریایی

عساس في حديقة الحيوان

پارێزەری باخچەی ئاژەڵان

فرس النهر

ئەسپی ئاوی

نمر

پشیلەی پڵینگی

فرس قزم

ئەسپی قەزەم

حلوف

بەرازی کێوی

نسر

هەڵۆ

زرافة

زەرافە

حيوان فظ البحري

واڵڕاس، ئاژەڵێکی دەریایی

فكرون

کیسەڵ

حوت

ماسی

غزال

ئاسک

ثعلب

ڕێوی

سبور

وەرزش

بالون

فووتبۆڵ

الريشة الطائرة

بەدمینتۆن

اتلاتيزم

وەرزشوان

الهوند

هەندباڵ

سكي

خلیسکێن

بولو

پۆلۆ

نشطات

چالاکیەکان

يوري

نیشاندان

يرسم

وێنەکێشان

يكتب

نووسین

يدي

هەڵگرتن

يعطي

دان

يدمر

پاڵ پێوەنان

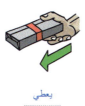

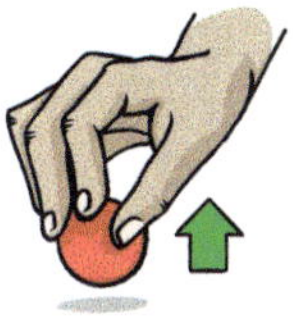

كاين ...... بوون	يخدم ...... كردن	يملك ...... هەبوون
يجبد ...... كێشان	يجري ...... هەڵاتن	يوقف ...... ڕاوەستان
يتكسل ...... دڕۆكردن	يطيح ...... كەوتن	يقيس / يرمي ...... هاويشتن

يقعد ...... دانیشتن	يرفد ...... هەڵگرتن	يشوف ...... چاوەڕێبوون
ينوظ ...... لەخەوهەستان	يرقد ...... خەوتن	يلبس ...... جل لەبەركردن

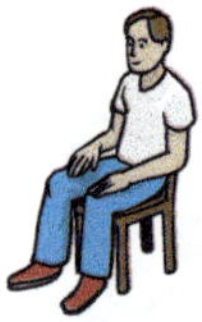

چالاكییەكان - نشطات

يحك

جەڵتەلێدان

يبكي

گریان

يشوف في

چاولێکردن

يفهم

تێگەیشتن

يهدر

قسەکردن

يمشّط

قژداهێنان، شانەکردن

يشرب

خواردنەوە

يسمع

گوێ‌ڕاگرتن

يسقسي

پرسیارکردن، پرسین

يبغي

خۆشویستن

يخمل

ڕێکوپێک کردن

يأكل

خواردن

يطير

فڕین

يصوق

شۆفێری‌کردن

يطيب

چێش لێنان

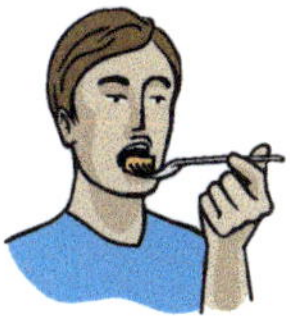

يقرا

خوێندنەوە

يحسب

حسابکردن، ژماردن

يبحر بالفلوكة

کەشتیوانی

يتزوج

زەماوەندکردن

يخدم

کارکردن

يتعلم

فێربوون

يكتل

کوشتن

يغسل سنانو

فڵچە لەددان دان

يخيط

دورین، دوروومانکردن

يرسل

ناردن

يكمي

جگەرەکێشان

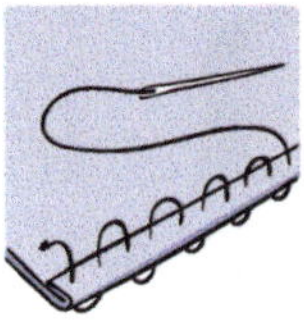

لعايلة
بنەماڵە

الجدة / دایمگورە
الجد / باومگورە
الاب / باوک، باب
الام / دایک
الذري / منداڵی ساوا
البنت / کچ
الولد / کور

ضيف / میوان

العمة / الخالة / پوور

العم / الخال / مام، خاڵ

الخو / برا

الخت / خوشک

بنەماڵە - لعايلة 67

الجسم

جەستە، لەش

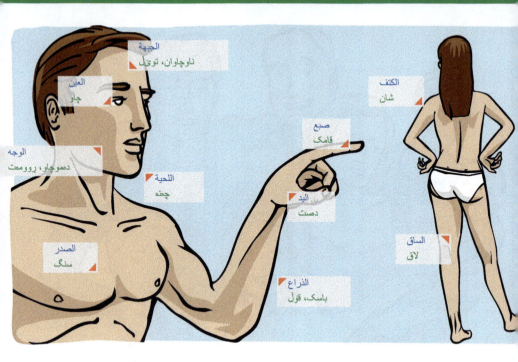

المرا

ژن

الراجل

پیاو

الذري

منداڵی ساوا

الراس

سەر

الشير

کوڕ

الشيرة، الطفلة

کچ

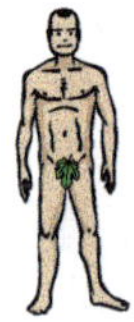

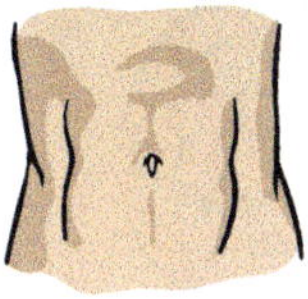

السرة

ناوک

الكرش

زگ

ظهر

پشت

العظم

ئێسقان، ئێسک

طالون

پاژنەی پێ

صبع

قامکی پێ

لمرفغ

ئانیشک

الركبة

ئەژنۆ

المرادف

سمت

البشرة

پێست

مصاصيط

قوون

نيف

لووت

شورب

لێو

لوذن

گوێ

الحنوك

گوپ

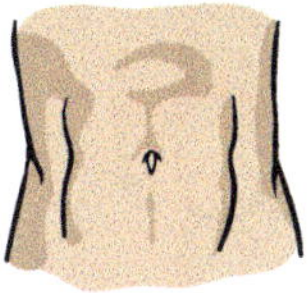

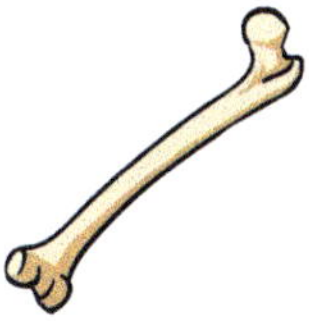

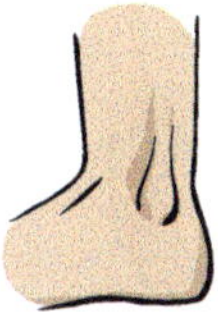

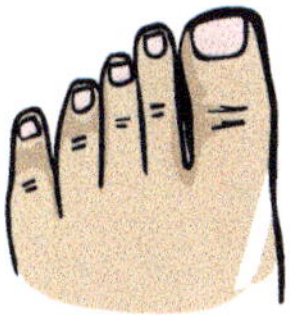

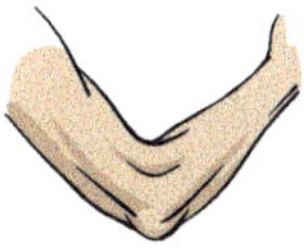

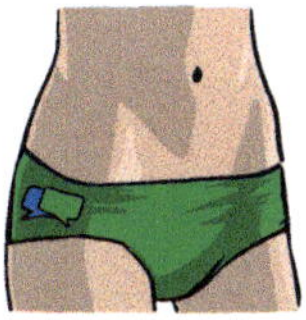

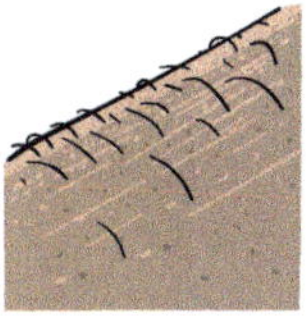

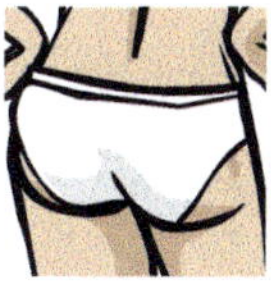

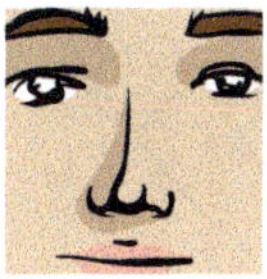

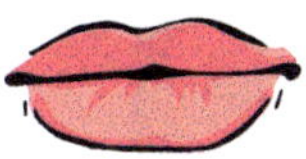

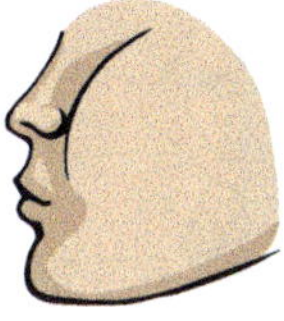

السان

زمان

السنة

ددان

الفم

دەم، زار

العضلة

ماسوولكه

القلب

دڵ

الدماغ

مێشک

لسطوما

گده

الكبدة

جەرگ

الرية

سیپەلاک، سی

بريزارفتيف

كۆندۆم

رابور

سێکس

كلوى

گورچیله

بلكرش

دووگیانی

سبرم

تۆو

البويضة

تۆو، گەرا

70 جەستە، لەش - الجسم

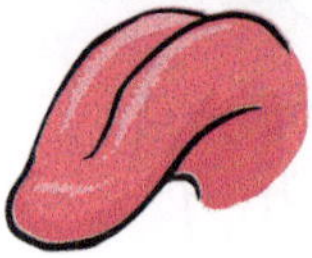

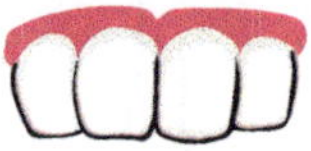

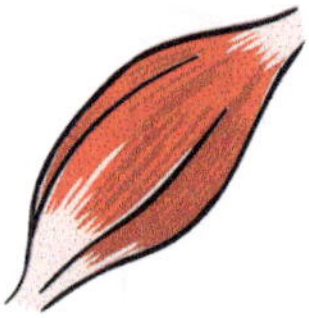

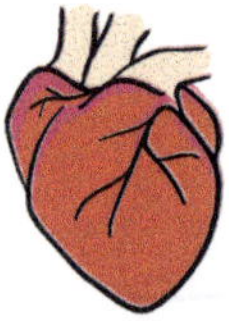

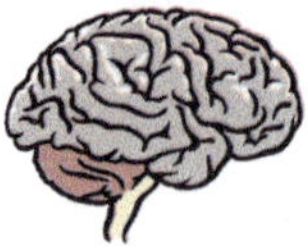

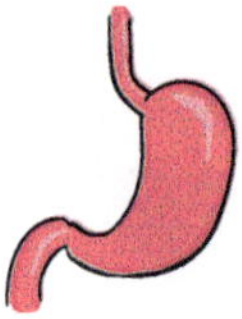

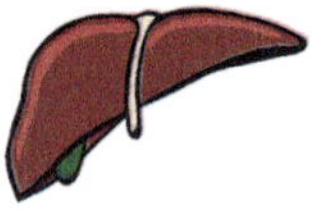

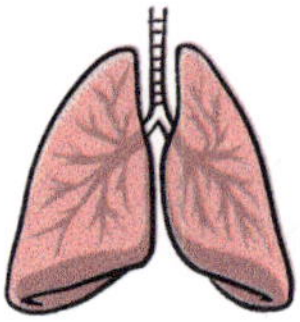

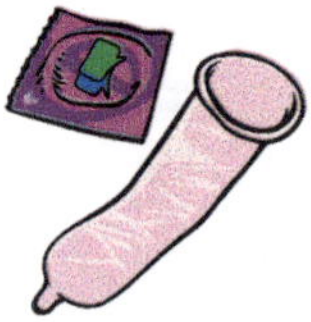

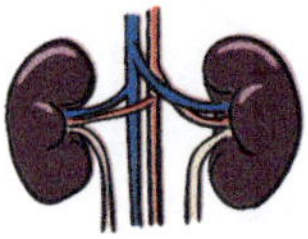

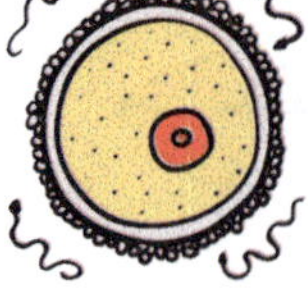

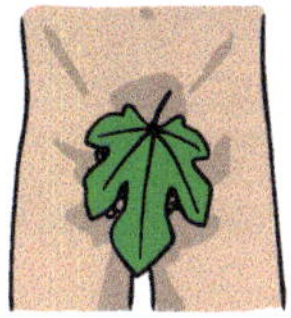

المذاكر

....

کێر

المهبل

....

زێ

ليراغل

....

کەوتنە سەر خوێن

رقبة

....

مل

الشعر

....

قژ

الحاجب

....

برۆ

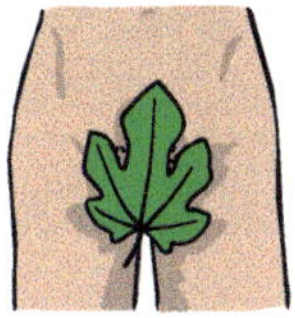

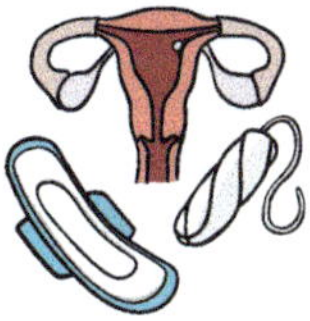

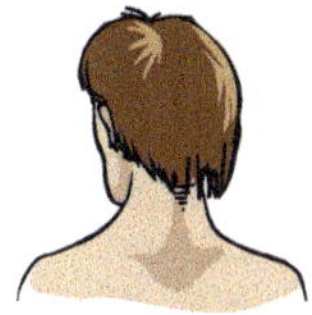

سبيطار

نەخۆشخانە، خەستەخانە

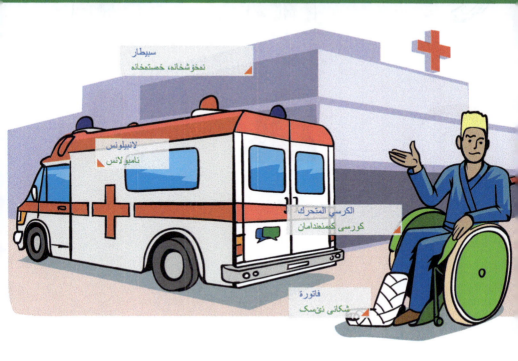

سبيطار
نەخۆشخانە، خەستەخانە
لانبيلونس
ئامبولانس
الكرسي المتحرك
کورسی کەمئەندامان
فاتورة
شکانی ئێسک

الممرضة

نەخۆشوان

ليزيرجونس

ژووری فریاکەوتن

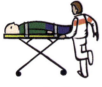

الطبيب

دکتۆر

الوجع

ژان، ئێش

تغاشى

بێهۆش

ليرجونس

ئورژانس، بەشی فریاکەوتن

72 نەخۆشخانە، خەستەخانە - سبيطار

القلب

جەڵتەی دڵ

يسل الدم

خوێنڕێژی

الجرح

برینداری

الكحة

کۆخە

لالرجي

ئالێرژی، هەستیاری

لافيسي

جەڵتە

الاسهال

زگچوون

لاقريب

ئەنفلۆنزا

الحمة

تا

السكر

شەکرە

السرطان

سەرەتان

ميغران

سەرێشە، ژانەسەر

عملية تاع القلب

نەشتەرگەری

مبضع

نەشتەر، چەقۆی توێکاری

الجراح

نەشتەرگەر

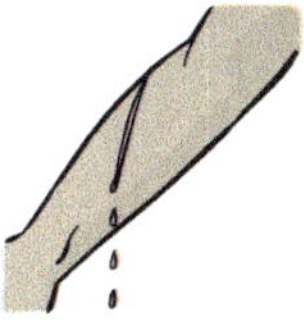

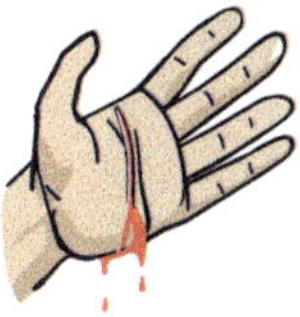

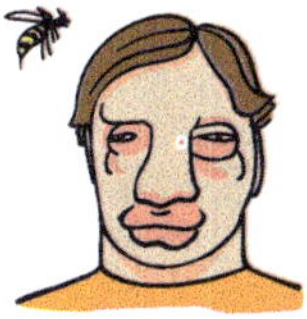

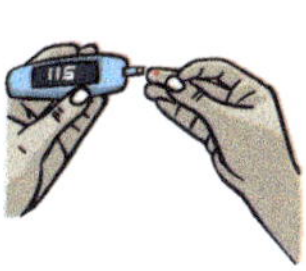

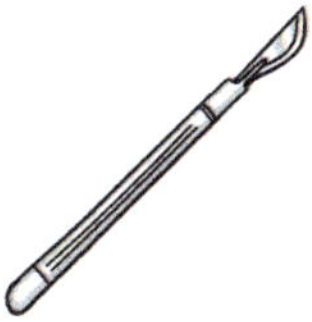

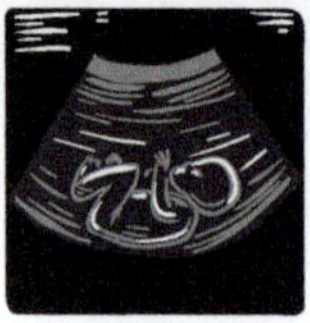

لولتخازون

ئوڵتراساوند

الراديو

تیشکی ئێکس

لاسيتي

CT

وين يقارعو

ژووری چاوەڕێبوون

المرض

نەخۆشی

لماسك

ماسکی ڕوومەت

لبانسما

برین پێچ

سكوتش

مشەما

العكاز

گۆچان

نقالة

داربەست

السماعة تاع الطبيب

بیستۆکی پزیشک

لبرة

دەرزی لێدان

السمونية

زیادەکێش/قەڵەویی

زيادة

لەدایکبوون

لوزنو بيه الحمة

گەرماپێوی کلینیکی

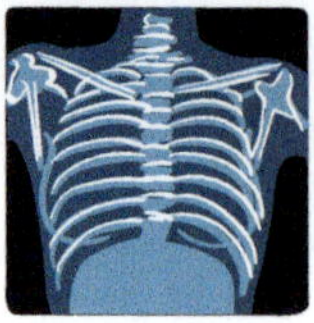

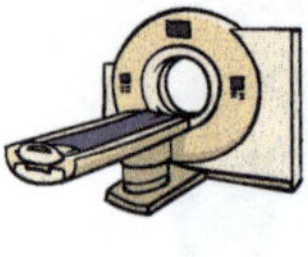

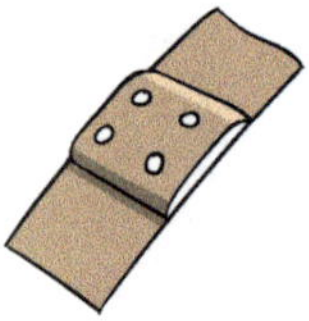

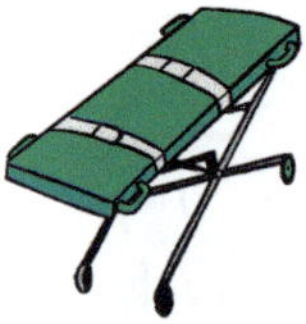

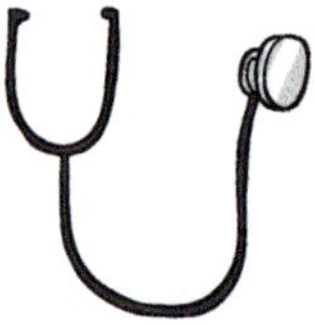

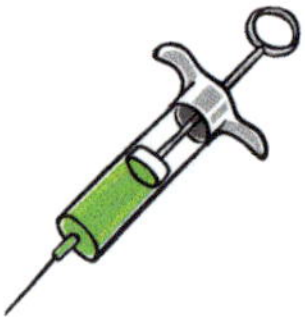

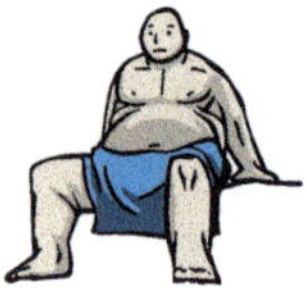

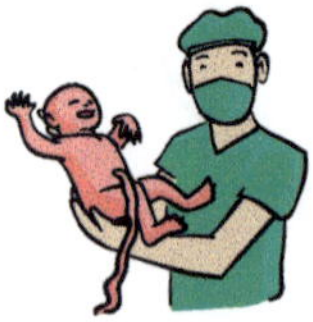

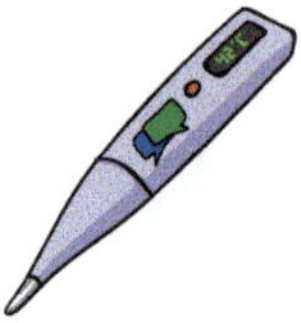

لنفكسون

چڵک

المعقم

میکرۆبکوژ

جهاز السمع

بیستۆک

الدوا

دەرمان

السيدا

ئەیدز

الفيروس

ویروس

بيلولة

حەب

الدوا حب

حەب

الفاكسان

کوتان

مريض / صحيح

نەخۆش / سڵامەت

الجهاز ليقيسو بيه الدم

پیشانگەری پەستانی خوێن

يعيط للنجدة

تەلەفۆنی فریاکەوتن

75 نەخۆشخانە، خەستەخانە - سبيطار

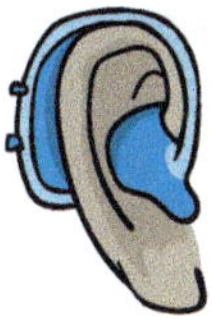

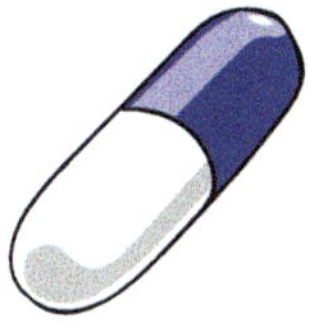

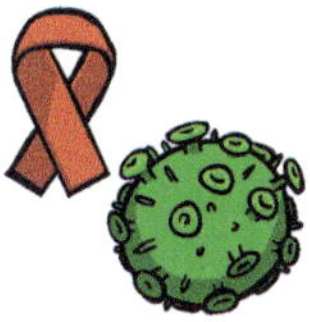

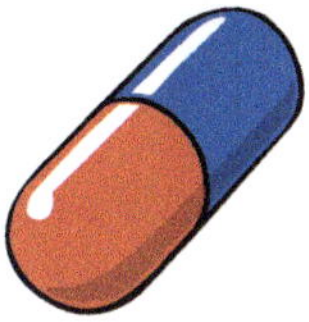

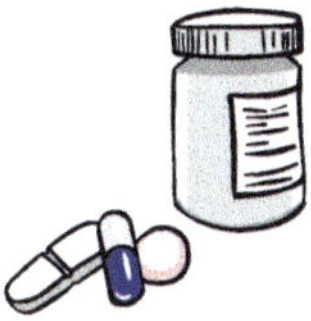

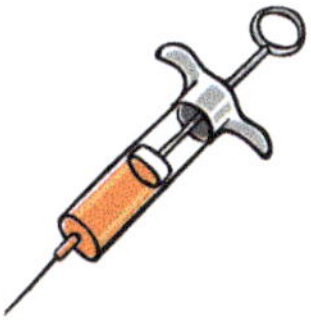

ليرجونس

ئورژانس، بەشی فریاکەوتن

يتعدا

دەستدرێژی

لالارم

ئاگادارکردنەوە، ئەلارم

سلكوني

یارمەتی!

مخرج الطوارئ

چوونەدەرەوەی ئورژانس

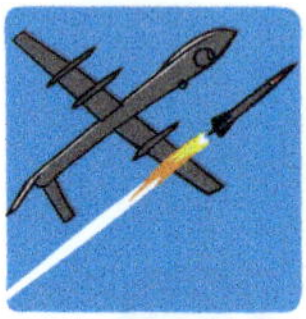

دونجي

مەترسی

يهجم

هێرشکردن

اكسيدون

ڕووداو، پێشهات

لكستانتور

ئاگرکوژێنەوە

النار شاعلة

ئاگر!

لابوليس

پۆلیس

سلكونا

SOS

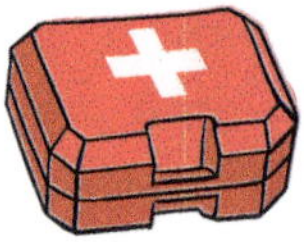

فيزة تاع الاسعاف الاولي

قوتووی یارمەتی فریاکەوتن

أرض

ئەرز، زەوی

أمريكا الجنوبية

ئەمریکاری باشوور

أمريكا الشمالية

ئەمریکای باکوور

أوروبا

ئەوروپا

أستراليا

ئوستراليا

آسيا

ئاسیا

أفريقيا

ئافریقا

المحيط الهندي

ئۆقیانووسی هیندی

المحيط الهادي

زەریای هێمن

المحيط الأطلسي

ئەتڵەسی، ئۆقیانووسی ئەتڵەسی

القطب الشمالي

جەمسەری باکوور

المحيط المتجمد الشمالي

ئۆقیانووسی جەمسەری باکوور

المحيط المتجمد الجنوبي

ئۆقیانووسی جەمسەری باشوور

أرض

ئەرز، زەوی

منطقة القطب الجنوبي

ناوچەی جەمسەری باشوور

القطب الجنوبي

جەمسەری باشوور

جزيرة

دوورگە

بحر

دەریا، زەریا

بلاد

خاک، وشکانی

دولة

وڵات، پارێزگا، دەوڵەت

امة

گەل، نەتەوە

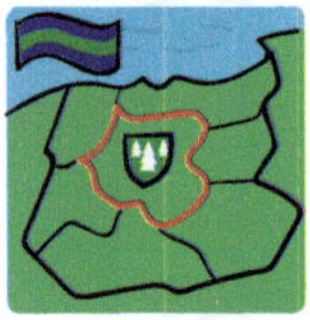

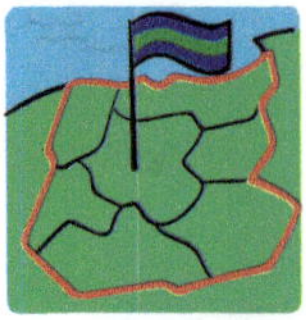

ساعة

کاتژمێر

عقرب الدقائق

....

نیشاندەری خولەک

عقرب الساعات

....

نیشاندەری کاتژمێر

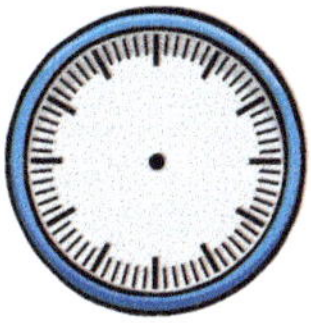

ميناء الساعة

....

ڕوخساری کاتژمێر

يوم

....

ڕۆژ

شعال راها الساعة؟

....

کاتژمێر چەندە؟، سەعات چەندە؟

عقرب الثواني

....

دەستی دوو

ساعة رقمية

....

کاتژمێری دیجیتاڵی

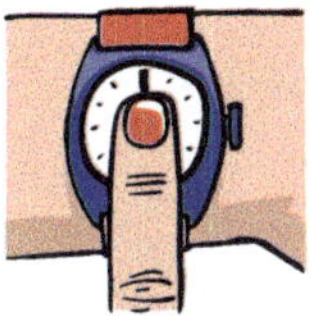

دروك

....

ئێستا، هەنووکە

زمن

....

کات، زەمان

ساعة

....

کاتژمێر

دقيقة

....

خولەک

سيمانة

هەفتە

لثنين
دووشەممە
سێ‌شەممە
لاربعا
چوارشەممە
لخميس
پێنجشەممە
الجمعة
هەینی
السبت
شەممە
الحد
یەکشەممە

لبارح

دوێنێ

اليوم

ئەمڕۆ، ئەوڕۆ

غدوا

سبەینێ

صباح

بەیانی

القايلة

نیوەڕۆ

العشية

ئێوارە

يامات الخدمة

ڕۆژی کار

ويكاند

کۆتایی هەفتە

العام
ساڵ

ضوء الشمس

....

خۆرەتاو

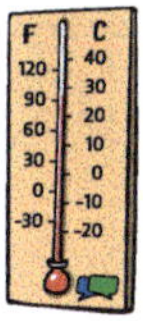

مقياس حرارة

....

گەرماپێو

يتنبأ بالحال

....

پێشبینی هەوا

ميديتي

....

تەڕایی

ضباب

....

تەموومژ

سحابة

....

هەور

عاصفة

باوبۆران، تۆفان

رعد

هەورەگرمە

برق

هەورەتریشقە، بروسکە

طوفان

لافاو

ريح

مانسوون

بَرَد

تەرزە

فيفري

فێبریوەری

جانفي

جانیوەری

جليد

سەهۆڵ

ماي

مەی

افريل

ئەیپریل

مارس

مارچ

اوت

ئۆگۆست

جويلية

جوولای

جوان

جوون

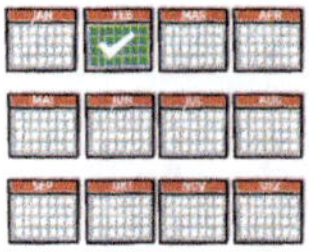

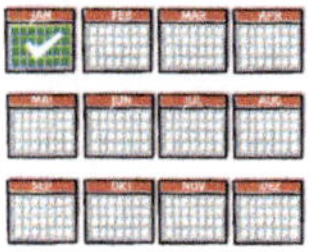

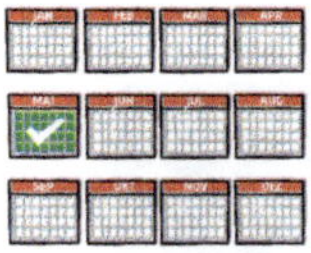

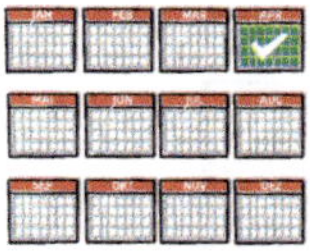

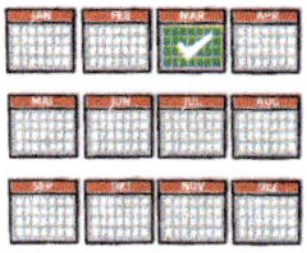

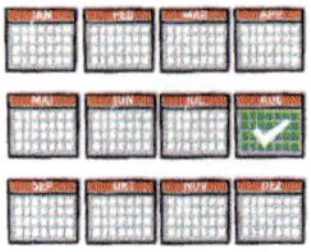

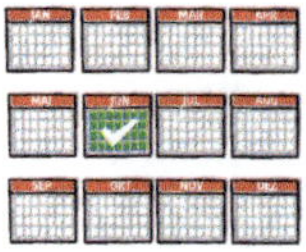

نوفمبر

نۆڤەمبەر

اكتوبر

ئۆكتۆبەر

سبتمبر

سێپتەمبەر

ديسمبر

دێسەمبەر

فورما

شێوەکان

مستطيل

چوارگۆشەی درێژ

مربع

چوارگۆشە

دويرة

بازنە

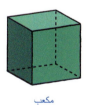

مكعب

خشتەک

كويرة

تۆپ، گۆ

مثلث

سێگۆشە

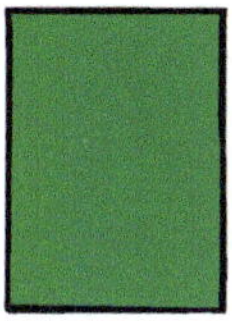

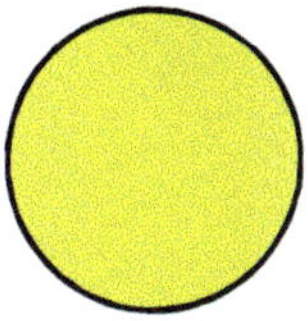

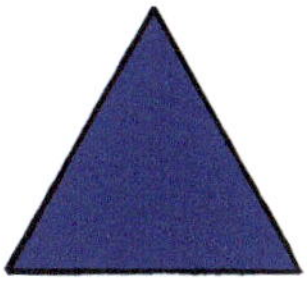

الالوان

ڕەنگەکان

تشيني

پرتەقاڵیی

صفر

زەرد

بيض

سپی

حلحالي

بنەوش

حمر

سوور

روز

پەمەیی

قهوي

قاوەیی

خظر

سەوز

زرق

شین

كحل

ڕەش

قري

بۆر

الضد

دژبەرەکان

شباب / مشي شباب

جوان / ناحمز

زعفان / مكالمي

تووڕە / لمسمرمخۆ

بزاف / شوية

زۆر / كمم

فاتح / فونسي

ڕووناک / تاریک

كبير / صغير

گموره / چکۆله

البدية / التالي

سمرمتا / کۆتایی

كامل / ناقص

تمواو / ناتمواو

نقي/ موسخ

خاوێن / چڵکن

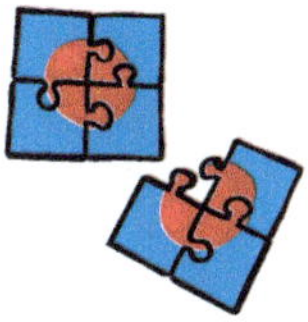

خو / خت

برا / خوشک

عريض / ضيق

پان / تمنگ

ميت / حي

مردوو / زيندوو

نهار / الليل

ڕۆژ / شمو

يثير / يمل

وروژاو / بێزار

شرير / ناس ملاح

نەگریس / بەبەزەیی

يقدو ياكلوه / ميقدروش ياكلوه

خۆش / ناخۆش

الصاحب / لعدو

دۆست / دوژمن

اللولا / التالية

یەکەم / ئاخر

سمين / رقيق

قەڵەو / لاواز

ثقيل / خفيف

قورس / سووک

قاصح / سوبل

ڕەق / نەرم

معمر / فارغ

پڕ / خاڵی

غير شرعي / شرعي

نایاسایی / یاسایی

مريض / صحيح

نەخۆش / سڵامەت

جوع / عطش

برسی / توونی

قريب / بعيد

نزیک / دوور

يسار / يمين

چەپ / ڕاست

ذكي / مبوقل

زیرەک / گەمژە

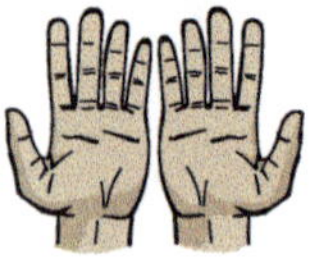

شيباني / شاب

پیر / لاو

مكانش / شوية

هیچ شتێـک / شتێـک

جديد / مستعمل

نوێ / کۆن، بەکار هاتوو

بشوية / بلفور

بێ‌دەنگ / دەنگی بەرز

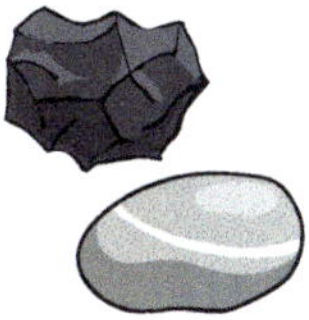

محلول / مبلع

کراوە / داخراو

يشعل / يطفئ

هەڵکراو / کوژاوە

حرش / رطب

زبر / ساف

نيشان / خاطيء

ڕاست / هەڵە

مرفح / زوالي

دەوڵەمەند / هەژار

بشوية / بلخف

هێواش / خێرا

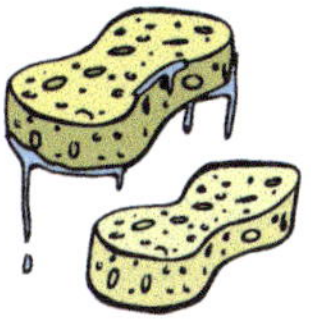

قصير / طويل

کورت/ درێژ

زعفان / فرحان

خەمین / خۆشحاڵ

القيرة / لامان

شەڕ / ئاشتی

حامي / بارد

گەرم / فێنک

مشمخ / ناشف

تەڕ / وشک

نیمیرویات

ژمارەکان

0

صفر

سیفر

1

واجد

یەک

2

زوج

دوو

3

تلاثة

سێ

4

ربعة

چوار

5

خمسة

پێنج

6

ستة

شەش

7

سبعة

حەوت

8

ثمانية

هەشت

9

تسعة

نۆ

10

عشرة

دە

11

حداعش

یازدە

12	13	14
ثناعش	تلطاعش	رباطاعش
دوازده	سێزده	چوارده
15	16	17
خمسطاعش	سطاعش	سبعطتعش
پازده، پانزه	شازده	حەڤده
18	19	20
ثمنطاعش	تساعطاش	عشرون
هەژده	نۆزده	بیست
100	1.000	1.000.000
مية	ألف	مليون
سەد	هەزار	میلیۆن

اللغات
زمانەکان

لغة الشنوية

چینی ماندارین

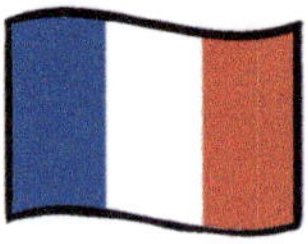

انغلي تاع مريكان

ئینگلیزی ئەمریکی

انقلي

ئینگلیزی

الفرونسي

فەرەنسی

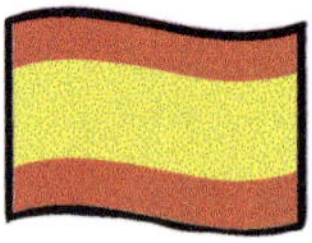

سبنيولية

ئیسپانی

الهندية

هیندی

البوتغالية

پۆرتوگالی

الروسية

ڕووسی

العربية

عەرەبی

الجابونية

ژاپۆنی

لالمنية

ئاڵمانی

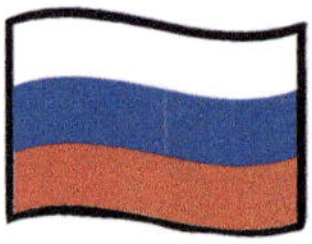

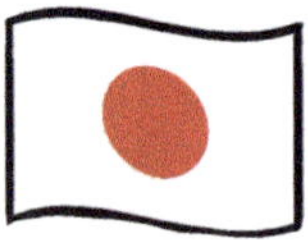

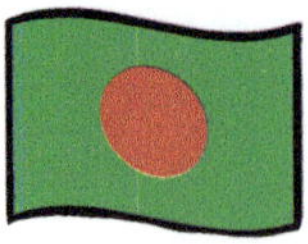

البنغالية

بەنگالی

شكون / علاش / كيفاش
کێ / چی / چۆن

انا
من

نتا
تۆ

هو
ئەو

حنايا
ئێمە

نتوما
ئێوە

هوما
ئەوان

شكون
کێ؟

واش
چی؟

كيفاش
چۆن؟

وين
لەکوێ؟

وقتاش
کەنگێ؟ کەی؟

الاسم
ناو

وين

شوێن

قدام

لەپێش

في

لە

مرول

لەپشت

تحت

ژێر

على

لەسەر

فوق

سەری

بلاصة

شوێن، جێ

بين

لەنێوان

حدا

لە تەنیشت

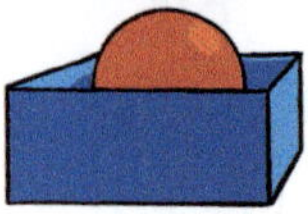

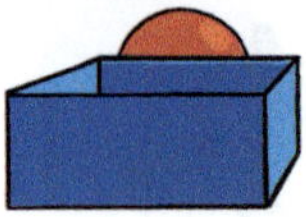

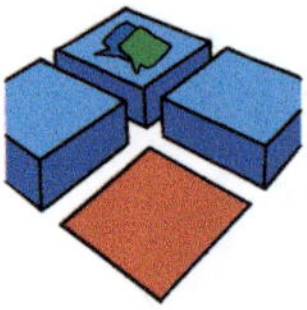

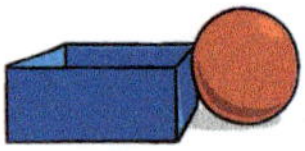

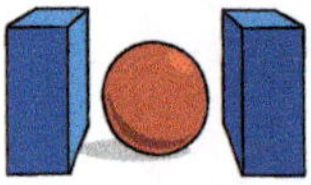